AF223540

LE CANON RUSSE

LE
CANON RUSSE

ET

LE SPECTRE ROUGE

Par Stephen DACIER.

> Le canon seul peut régler les questions
> de notre siècle, et il les réglera, dût-il
> arriver de Russie.
>
> (Spectre Rouge, par M. A. Romieu.)

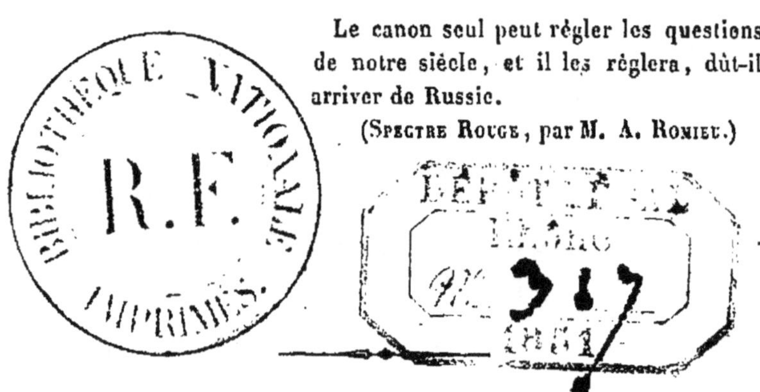

PARIS

CHEZ GARNIER FRÈRES, LIBRAIRES
Palais-National

LYON, CHEZ BALLAY ET GONCHON, LIBRAIRES
Galerie du Grand-Théâtre, rue Lafont

1851

A M. ROMIEU.

Je ne suis pas capable, Monsieur, de décider si vous avez écrit un bon livre ; mais je sens que vous avez fait une méchante action.

Vous avez eu peur, et vous l'avez dit si haut, que vous avez effrayé les autres. Vous pouviez être une sentinelle vigilante, jetant son cri de guerre comme un défi aux ennemis, comme un signal aux amis. Au lieu de cela, vous venez vous placer à la queue des bataillons de l'ordre, et là, à l'abri, derrière une forêt de baïonnettes, vous faites entendre : Sauve qui peut !

Pour bien savoir la conduite à tenir, il faut se placer résolument en face de son adversaire; marcher à lui le bras fort pour avoir l'œil sûr, et l'aborder avec la ferme intention de lutter. Si vous aviez fait ainsi, vous eussiez vu évanouir le spectre qui vous épouvante comme les ombres qui se dissipent au jour, et si le cœur vous eût manqué pour le combattre, il n'y aurait eu qu'à souffler contre : cela eût suffi.

Oui, certainement la France est malade. Il y a confusion dans les esprits, aberration dans les idées, atonie dans les cœurs ; mais est-ce bien la force qui peut guérir cette mala die funeste? Est-ce la force qui rétablira l'union, qui rectifiera les idées, qui ranimera les courages? La France est malade, et vous voulez lui faire l'opération du trépan pour la sauver. Soit, opérez. Mais pourquoi demander à cet effet la lance d'un pandour ou la baïonnette d'un sergent? C'est un médecin qu'il faut. Votre homme ne serait qu'un bourreau; et c'est un guérisseur que je réclame.

Vous invoquez la force; mais la force au profit de quel but? Où est la pensée qui animera vos canons, où est le général qui conduira votre armée? Et cette force, où la dirigez-vous, à quel port nous mène-t-elle?

Vous avez fait votre livre un soir de digestion laborieuse. Si vous en eussiez corrigé les épreuves à jeun, il n'eût pas paru; car à chaque page on sent le frisson de la peur en même temps que le délire de la fièvre. Aujourd'hui cependant, pour parler en homme d'état, il faut être décidé à agir en soldat. Vous avez voulu être le Tyrtée des Grecs modernes, et vous avez oublié que Tyrtée chantait la lyre d'une main et l'épée de l'autre.

Vous n'êtes d'aucun parti, dites-vous. Tant pis pour vous, Monsieur, et tant mieux pour le parti que vous serviriez de la sorte ; car semés par la peur, les fruits que vous préparez ne peuvent être recueillis que par la honte.

Au nom de la religion méconnue, de la société menacée et de la France avilie, vous avez appelé la force, dût-elle accourir des steppes de la Russie. A mon tour, je viens vous répondre par le refus d'un Français, le blâme d'un homme et la protestation d'un chrétien !

Ce qui va suivre n'est pas un travail de l'esprit ; c'est un élan du cœur.

I

Ce canon russe qu'appelle M. Romieu, je le suppose venu.

A la lueur des villes en feu, je contemple les campagnes ravagées, et d'un bout de la France à l'autre je marche dans le sillon creusé par les boulets. Les hameaux sont déserts, les cités abandonnées, et ce qu'il reste d'habitants se montre à travers les arbres des forêts. La force a bien passé par là, non pas la force qui organise, — cette force-là c'est la vie, — mais la force qui détruit, c'est-à-dire la mort. Oui, c'est bien cela : des sentinelles qui veillent le fusil tout armé, des canons qui se promènent sur les grandes routes la mèche fumante, des bandes de soldats ivres de pillage et de débauche, des cosaques drapés dans la dépouille de nos femmes, notre pays transformé en un camp, le droit de vie et de mort attribué au plus inepte caporal et..... Et après ?

Oui, après ; car enfin on ne saurait faire disparaître la France sous les armées envahissantes. Si nombreuses que soient les victimes, il y aura bien toujours des survivants. Des survivants, qu'en fera-t-on ?

Tenez, cette boucherie, érigée en système, est plutôt absurde que criminelle. Vous invoquez la force, mais la force de quoi, la force de qui ? L'armée n'est pas en France une plante exotique née sous d'autres climats et portant en elle la sève qui la féconde, le germe qui la reproduit. L'armée est de notre pays ; elle a nos mœurs, nos goûts, nos tendances. Qu'elle doive nous servir de modèle, rien de mieux ; qu'elle ait conservé pures et intactes les mâles vertus que la société a oubliées, je le reconnais encore; mais est-ce une raison pour en faire un instrument d'extermination?

Et encore une fois, exterminer au profit de quelle cause, dans l'intérêt de quel projet?

Si l'humanité doit finir, si les temps sont accomplis et que la France soit condamnée à mourir la première, eh bien! soit, laissons nous tuer. Mais si nous n'avons qu'une crise à traverser, qu'une épreuve à subir, faisons provision de patience et de courage : de patience pour souffrir moins, de courage pour nous guérir plus vite.

Quelle est donc, en réalité, cette maladie dont nous sommes atteints, et dont on veut nous débarrasser en nous mitraillant? Qu'est-ce donc que ce socialisme qui menace de nous faire sombrer si nous ne jetons par dessus le bord toutes nos institutions libérales, toutes nos garanties constitutionnelles, pour nous laisser attacher sur l'affût d'un obusier? Ce que c'est? C'est en politique la défaillance de la liberté, c'est en morale l'oubli de la religion. — C'est beaucoup, c'est grave assurément, mais ce n'est pas incurable, ce n'est pas mortel.

La liberté est faible parce que vous lui avez enlevé l'autorité sans laquelle elle ne saurait exister. L'autorité est à la liberté ce que le lien est à la gerbe. La société française, émancipée en 1789, a cru se venger de l'autorité en la secouant comme un frein ; elle n'a pas compris que l'autorité était avant tout un guide ; et après bien des chutes et des rechutes, la société française revient, haletante et épuisée, à son point de départ. Si vous ne lui rendez pas l'autorité, elle mourra ; elle mourra sous la tyrannie.

La religion est oubliée parce que la philosophie rationaliste, ce dévergondage de l'orgueil, a corrompu les meilleurs esprits, et M. Romieu lui-même. M. Romieu, en effet, en niant avec raison les prétendus droits de l'homme, ne lui en reconnaît qu'un, le droit de mourir. La mort volontaire de par la philosophie est donc un droit ; de par la religion, c'est une faute ; et la religion a dit vrai.

Et c'est avec le sabre que vous voulez guérir ces deux plaies ! c'est avec la force que vous voulez rendre à l'autorité son prestige tutélaire, à la religion son action moralisatrice ! C'est pour une œuvre pareille que vous faites votre force aveugle et brutale, inintelligente et inflexible, sans une pensée qui la dirige, sans un souffle qui l'anime, sans un drapeau qui la rallie ! La force ainsi entendue paralyserait tout au plus le mal, mais elle n'en détruirait pas le germe ; et c'est le germe qu'il faut atteindre.

Or, ce germe fatal, ce poison funeste, c'est la raison humaine considérée comme une puissance, écoutée comme une vérité. La raison sans la religion, c'est un ciel sans étoile. Ceux qui l'ont acceptée pour guide marchaient dans les ténèbres et ont dû arriver aux abîmes. Nous en savons quelque chose, nous qui avons eu la naïveté de les suivre. Il faut avouer cela le front dans la poussière, comme des pécheurs qui s'humilient, mais il faut le dire aussi le regard assuré comme des coupables rachetés par le repentir.

Laissons donc la raison, ce mensonge égoïste, et revenons au christianisme. Et si Jean-Jacques Rousseau, — ce faiseur de systèmes, que l'on a transformé en créateur de droits, — se rencontre sur notre route, attachons à son contrat social tous les crimes qui en sont sortis ; il y en aura au moins un à chaque lettre, c'est un bagage assez lourd pour écraser le monstre.

Avec la religion qui console, nous reverrons la foi qui éclaire ; la foi, cette force mystérieuse qui soutient les dévouements, qui raffermit les cœurs, qui réchauffe les âmes, et qui ravit à la puissance divine un rayon de sa gloire pour en couronner l'intelligence humaine.

On dit que la foi est morte, cela n'est pas ; elle dort seulement, et il faut la réveiller. Envoyez pour cela dans chaque village vos tambours retentissants, faites trembler les villes au fracas du canon : la foi sommeillera toujours. Mais envoyez un prêtre, non pas de ceux qui bénissaient les arbres de liberté avec des comédiens pour enfants de chœur et des courtisanes pour entourage ; envoyez un prêtre, de ceux qui se font tuer aux barricades, de ceux qui marchent à la mort la figure sereine, sans racheter la persécution au prix d'une complaisance, et vous verrez la foi se ranimer à leur parole comme si elle répondait à un appel connu.

Oui, la liberté et la religion sont deux sœurs qui souffrent du même mal, qui gémissent des mêmes excès. Le socialisme l'a bien compris, car il les attaque toutes les deux en même temps. Si votre force pouvait quelque chose pour les protéger, je m'agenouillerais devant cette idole de bronze et de fer. Mais, non, elle ne pourrait que les compromettre. Le socialisme ennemi peut tout au plus les insulter, la force protectrice saurait seule les avilir; et, si elles tombent ici bas, ce ne peut être que pour retourner au ciel, pures comme elles en sont descendues.

Mais, non, elles ne tomberont pas.

La philosophie a fait son temps puisque le mal qu'elle renfermait s'est développé. L'ivraie est donc en épi, il ne reste qu'à le jeter au feu, et c'est l'œuvre

que doivent poursuivre les hommes de bonne volonté.
De toutes parts déja cette œuvre est en train de s'accomplir : je le reconnais à ce désir ardent de trouver
la bonne route qui anime tous les hommes honnêtes.
La société qui marchait à sa ruine s'est arrêtée ; elle
est immobile, elle demande son chemin, elle guette,
elle cherche, elle interroge ce qui est devant elle,
et comme elle ne voit que l'ombre et le doute, bientôt elle jettera un regard en arrière. Qu'elle se sou-
vienne alors, et elle sera sauvée !

Faites la donc se ressouvenir. Est-ce si difficile de lui
parler de monarchie et de religion ; est-ce si difficile
de rappeler au peuple ses jours heureux de douces
illusions et de croyances naïves ; est-ce si difficile de
faire revivre dans sa mémoire la gloire de la patrie,
la puissance du nom français, sous le règne des rois

II

Ce n'est pas, à coup sûr, M. Romieu qui nous blâmera de remonter vers la religion et vers le trône, lui qui, en fait de progrès, ne voit rien de mieux que de ressusciter le régime féodal.

Quant à moi, si je réclame le christianisme et la monarchie, c'est précisément pour rentrer dans la voie progressive d'où le rationalisme et la république nous ont fait sortir.

Le mouvement de 1789 devait être un perfectionne-

ment dans les mœurs, une amélioration dans les intérêts ; on en a fait une révolution contre les hommes et
contre les lois, contre les idées et contre les faits.
Dépasser le but n'est pas l'atteindre, et les mons-
truosités de 1793 sont mieux qu'une exagération sanglante : elles sont aussi une leçon. Que cette leçon
nous serve et qu'elle nous aide d'abord à nous défaire
de ce qu'il y avait d'injuste dans les cahiers des Etats-
généraux, pour nous rattacher à l'égalité devant la loi
et à la liberté de conscience, ces deux garanties qui
portent avec elles toutes les satisfactions légitimes.

On est trop habitué à donner le nom de progrès à
tout ce qui constitue un changement. Le progrès
cependant ne consiste pas à faire autrement que nos
devanciers, mais à valoir mieux qu'eux ; ce qui est
bien différent. Au lieu de flatter notre siècle en l'ap-
pelant le siècle du progrès, examinons en quoi le progrès s'est accompli.

Est-ce dans les mœurs ? Hélas ! la statistique des
bagnes et des enfants trouvés prouve le contraire.

Est-ce dans les sciences? Les anciens sont toujours les maîtres.

Est-ce dans la littérature? Châteaubriand a écrit ses mémoires, Lamartine fait des romans à tant la ligne et Victor Hugo déclame à tant l'heure.

Est-ce dans les arts? Depuis que la foi a abandonné nos artistes, ils ont perdu le secret de leur talent.

En moralité, en sciences, en littérature, en beaux-arts, nous sommes stationnaires sinon déchus.

Si des généralités nous passons aux individus, si de la société nous pénétrons dans les familles, le spectacle est encore plus triste.

La grande affaire du paysan autrefois, c'était le champ et l'église, le travail et la prière; aujourd'hui c'est le tribunal et le cabaret, le procès et l'ivrognerie.

L'ouvrier songeait à se perfectionner dans son état; il voulait devenir maître. Aujourd'hui il songe à la politique; il veut être représentant.

Le bourgeois honorait la science quand il ne la cultivait pas; il était fier de savoir et non de posséder.

Aujourd'hui la considération se pèse à la cote des impôts, et l'éclat du nom se mesure à la hauteur des écus.

Paysan, ouvrier, bourgeois, valons-nous mieux que nos pères?

Non.

Eh bien! alors pas tant de prétention.

Mais si le progrès ne s'est pas fait dans les hommes, il s'est réalisé dans les choses, il faut le reconnaître. Si l'intérêt, mal contenu par la religion niée, mal dirigé par la liberté travestie, a corrompu le cœur, il a surexcité l'esprit. De grandes conquêtes ont été faites dans l'industrie. La vapeur et les chemins de fer, en modifiant les rapports des peuples, ont bouleversé les conditions du travail chez chacun d'eux.

En même temps que se développait le génie industriel, la transformation de la propriété s'est accomplie. Je ne sais si c'est là un progrès, mais tout au moins c'est un changement qui exerce une grande influence sur notre situation actuelle.

Des découvertes de l'industrie et du fractionnement

de la propriété naissent non pas des principes, mais des besoins nouveaux. Pour apaiser ces besoins, il fallait des économistes savants, et ce sont des philosophes ignares que l'on a pris. Il fallait des tarifs de douanes, on a fait des systèmes humanitaires : c'était pure question de règlements administratifs, on a réclamé un bouleversement social, et, comme prélude, on a proclamé la république.

C'est un beau commencement! mais il faut nous en tenir là.

Je viens d'esquisser à grands traits notre histoire depuis 1789 ; il en résulte que les désirs matériels ont marché plus vite, que les lois morales ; il en résulte que l'équilibre est détruit entre l'âme et le corps de la société, que les idées positives entraînées par les appétits personnels se sont affranchies des considérations religieuses, que la pensée de l'homme s'est rétrécie au point de se borner à la terre ; il en résulte enfin que nous avons fait de la vie un but, tandis qu'elle est réellement un passage.

Cet équilibre détruit il faut le reconstruire, sans pour cela rien enlever aux prodiges de la science, sans rien retrancher des conquêtes de l'industrie, sans rien diminuer des espérances de bien-être entrevues par le travail.

Cela est facile après tout, car il ne s'agit que de toucher à l'orgueil de quelques hommes et de pénétrer au cœur de tous ; il ne s'agit que de voir au fond de chaque découverte ce qu'il y a, c'est-à-dire une œuvre de Dieu qui se dévoile, et de montrer aux hommes le bonheur où il est, c'est-à-dire dans la conscience tranquille et non dans l'estomac repu.

Je ne juge pas le matérialisme à ses dehors pompeux et à ses programmes brillants, je l'observe à ses résultats dans le peuple. Hé bien ! le peuple est mieux vêtu et mieux nourri c'est vrai, mais le peuple est plus mécontent qu'il n'a jamais été ; il se plaint d'un ton plus élevé, et il demande avec plus d'insistance. Donc le matérialisme est impuissant à rendre le peuple heureux, il ne fait que provoquer ses désirs.

Le matérialisme est une boisson qui excite et enivre, ce n'est pas une nourriture qui féconde et fortifie ; ou plutôt disons tout, l'homme ne vit que par l'âme immortelle, et le matérialisme s'adresse au corps périssable : le progrès matérialiste est donc un mensonge.

Il n'y a de progrès pour l'humanité que dans le christianisme. Mais entendons-nous. Il ne faut pas sous prétexte de progrès, dénaturer le christianisme, en altérer les textes, en fausser l'esprit. Le christianisme est sorti parfait des mains de Dieu. Le progrès consiste à faire entrer le christianisme dans nos mœurs, à le faire prévaloir dans nos institutions publiques ; il n'est pas ailleurs.

Et parce que le christianisme honore la pauvreté, ennoblit la souffrance, ne croyez pas qu'il condamne l'homme à une existence de privations absolues et de macérations ascétiques. Non, non, le christianisme qui a créé l'espérance pour la misère, a aussi créé la charité pour la richesse ; aux uns il rend le fardeau moins lourd par la résignation, aux autres il rend la fortune moins dure par l'aumône. Contre l'envie des pauvres il a un remède, la foi ; contre l'égoïsme des riches il a un recours, l'amour. Le socialisme dit aux fils cadets, prenez ; le christianisme dit aux fils aînés, donnez.

Dans la société chrétienne, l'homme n'abdique aucune parcelle de sa liberté, il l'échange en retour de la protection, de la sécurité et de l'asistance. Sa liberté finit où commence celle des autres, le devoir des autres envers lui commence au premier frisson de douleur qu'il éprouve.

Trouvez une constitution plus belle et plus forte, plus complète et plus simple ! Il est vrai que cette constitution est l'évangile.

Que les hommes améliorent les conditions de leur sort ; qu'ils vivent mieux et à meilleur marché ; qu'ils soient plus chaudement vêtus et à moins de frais ; qu'il n'y ait aucune maladie sans secours, aucune douleur sans consolation. Le christianisme ne s'y oppose pas, il le veut, il l'ordonne. Mais aussi que chaque pas en avant soit une victoire de l'esprit sur la matière, que chaque poitrine mieux couverte renferme un cœur plus digne, que chaque famille plus aisée devienne une famille plus religieuse. Sans cela le progrès sera une déception en attendant qu'il aboutisse à une immense catastrophe.

Voyez déjà ce qui arrive : le progrès chrétien nous eut conduit à la paix et à la concorde, le progrès matérialiste nous a mené au socialisme.

III

Le socialisme !

Il me souvient d'une terrible frayeur que j'éprouvai au temps de ma jeunesse. Un soir d'orage, je vis dans la prairie qui s'étendait depuis la maison paternelle jusqu'aux bords du Rhône un fantôme de feu et de sang qui paraissait vomir des flammes et qui étendait vers moi ses bras ardents comme pour me dévorer. J'appelai mon père à mon aide. Il me prit par la main, et sans s'arrêter ni aux ténèbres de la nuit ni aux mugissements de la tempête, il me conduisit près du fantôme. C'était un vieux saule tombé de vétusté et atteint de pourriture. La phosphorescence s'allumait aux atômes corrompus; grâce à la nuit, ce squelette s'embrasait de lueurs trompeuses, et mon imagination faisait le reste.

Monsieur Romieu, venez donc que je vous conduise au socialisme !

Car le socialisme ce n'est pas autre chose que des troncs humains abattus par le vent de l'orgueil, gangrenés par le contact du vice, et brillants — depuis que nous avons éteint le flambeau de la religion pour faire la nuit de l'impiété, — comme une torche incendiaire. A distance, c'est un spectre rouge; de près, c'est un cadavre en décomposition.

Approchez, et voyez !

Commençons par les hommes, sinon les deux premiers, — car tout le monde est premier dans cette boutique de vulnéraire social, — au moins les deux plus illustres, Fourier et Proudhon.

Fourier était un homme d'esprit ingénieux et de mœurs commodes. Il avait le caractère doux, et l'on montre encore à Lyon la cour de la maison où il avait un appartement, cour dans laquelle il réunissait chaque matin une douzaine de chats habitués à recevoir la pâtée de sa main. Fourier avait plus d'imagination que de savoir; elle tenait lieu de tout chez lui. Ce qu'il ne savait pas, il l'inventait. Quant à ses théories sociales, je me demande encore si elles viennent du délire du cerveau ou de l'ardeur du sang. Ces deux maladies n'étaient pas rares dans la famille de Fourier, et il ne faudrait pas aller loin pour en trouver des exemples simultanés. Comme science, le système de Fourier ne supporte pas l'examen; comme morale, il rentre dans la catégorie des livres défendus. Et c'est cela qui a fait école!

M. Proudhon vaut mieux sous tous les rapports; mais M. Proudhon, si habile comme-écrivain, si profond comme érudit, si ferrailleur comme logicien, n'est pas acceptable comme réformateur. Il se contredit lui-même, et je me trompe fort ou M. Proudhon finira par être un philosophe religieux et catholique. Jusqu'à présent, il a voulu se faire connaître, se marquer une place, attirer les yeux. L'étrangeté lui semblait le meilleur moyen, et il a été étrange. Cela lui a parfaitement réussi ; et c'est précisément parce que ce moyen a réussi qu'il y renoncera ; il lui est devenu inutile. M. Proudhon a beaucoup travaillé et beaucoup appris, mais il n'a su jusqu'à présent résister à cette tentation de l'orgueil qui séduit les plus mâles intelligences. S'il veut être quelque chose, il faudra qu'il s'amende. Dans le cas contraire, il restera un loup-garou pour les petits enfants ; les hommes qui voudront le combattre, n'auront qu'à opposer quelques-uns de ses livres à quelques autres. Ils renferment tout à la fois le poison et l'antidote. M. Proudhon n'est pas l'étoile du socialisme, il en est la comète. Il étonne sans convaincre, il frappe sans laisser de trace, et lorsque le mot, si énergique sous sa plume, a cessé de retentir à l'oreille, il n'en reste aucune idée.

Aprés ces messieurs, nous tombons dans la foule, sans même prendre garde à Louis Blanc, ce petit homme qui veut faire payer à la société la parcimonie de la nature à son égard.

Cette foule, la connaissez-vous, avez-vous vu quelques-uns de ses membres, avez-vous discuté avec eux, avez-vous trouvé dans ces esprits faux et obscurs, dans ces pensées étroites et envieuses, autre chose que de la haine et du fiel, autre chose que de l'ignorance et de la prétention? Quant à moi, j'en ai vu beaucoup, et ceux qui m'ont paru les moins mauvais étaient des fanatiques ou des fous. Ceux-là du moins avaient une excuse.

Lyon est une ville bien dangereuse par son socialisme, c'est un foyer volcanique qui menace de faire éruption à chaque instant. Hé bien! un des chefs des socialistes de cette cité, a oublié dans quelque coin de l'Hôtel-de-Ville, une demande adressée au gouvernement pour obtenir une place de 1,800 fr. par an. Dix-huit cents francs! voilà le prix moyennant lequel on peut transformer un socialiste des plus influents en fonctionnaire dévoué.

Et l'histoire de ce pauvre homme est l'histoire de ses confrères. Tous veulent une position, beaucoup cherchent une revanche; le socialisme leur paraît un chemin de facile accès, et ils adoptent le socialisme.

Quant au peuple, ceux que l'on ne peut gagner par leurs vices, on les attire par leurs besoins. On a composé, à cet effet, un dictionnaire où se trouvent entassés les mots les plus sonores et les idées les plus creuses; véritable trousse de charlatans, faisant beaucoup de bruit, mais incapable de rien produire.

Tout cela, grossi par la peur, considéré à travers la nuit de la philosophie et du rationalisme, apparaît, grâce encore à la révolution qui gronde, comme un colosse, et ce n'est qu'une vapeur.

M. Romieu apporte au mirage qui grandit le socialisme son contingent de terreur; il répète, après un écrivain communiste et irréligieux, que chaque femme qui accouche met au monde un socialiste. C'est lui qui réédite cette menace en la revêtant de son approbation. Allez, M. Romieu, allez ainsi, et vous ferez les affaires du socialisme. Ce n'est pas asssez des grands fous à maîtriser, vous nous en annoncez des petits à dompter. Quelle complaisance, M. Romieu ! Le socialisme voüs doit une fière chandelle, pour défendre ainsi sa cause. J'en suis fâché, mais vous n'êtes pas dans le vrai, ni vous ni M. Pelletan. Les femmes, aujourd'hui comme autrefois, mettent au monde des enfants; mais le baptème fait des chrétiens, et si les chrétiens sont jamais socialistes, c'est que l'université payenne l'aura voulu. Réformez donc l'université qui vend de la science, mais qui néglige l'éducation; soumettez les instituteurs primaires aux curés, de même que le corps est soumis à l'àme, et vous verrez si les enfants deviendront socialistes. Chargez la religion de es préserver, et elle vous les conservera libres de oute infection communiste, affranchis de tout levain egalitaire.

Mais, je vous entends : si le socialisme est stérile

par ses idées, impuissant par ses chefs, il est terrible par son armée de prolétaires, par ses millions de bandits, comme vous les appelez, prêts à piller, à brûler et à assassiner.

C'est bien du monde, et c'est bien de la besogne.

C'est bien du monde, car si vous déduisez des prolétaires — encore le langage du socialisme ! — les deux ou trois cent mille ouvriers de Rouen, Lille, Mulhouse, Lyon, Nîmes et St-Etienne, qui, agglomérés sur un seul point, voués à des industries spéciales, en lutte avec les patrons, offrent au socialisme, comme à toute doctrine révolutionnaire, une proie facile, que reste-t-il? Il reste les ouvriers forgerons, charpentiers, menuisiers, tailleurs de pierres, etc., ces robustes compagnons du tour de France, enfants du village où ils ont laissé une maisonnette et où ils comptent bien s'établir; il reste les paysans, ces vigoureux fils du sol, auquel ils sont attachés par la propriété; et tous, compagnons et paysans, animés de sentiments honnêtes, égarés peut-être temporairement, mais prêts à revenir lorsque vous leur aurez ouvert les yeux.

J'ai dit que c'était bien de la besogne. Est-ce avec cette armée que le socialisme peut entreprendre une Jacquerie, est-ce avec cette foule de propriétaires et d'industriels attachés à la société par leur intérêt, le plus solide des nœuds, que le communisme pourra bouleverser la France?

D'ailleurs pourquoi citez-vous le Captal de Buch et le comte de Foix, si ce n'est pour les donner en exemple, et ne peut-on, contre ce torrent dont vous nous annoncez le débordement, élever une digue? Comptez un peu plus sur le courage, vous qui le vantez à si juste titre.

Que demain l'insurrection commence, que le drapeau rouge soit déployé, et si, au lieu de fuir, les bourgeois menacés marchent résolument à l'émeute, s'ils disent aux socialistes : « Vous voulez la bataille, « nous l'acceptons; mais avant, chassez donc de vos « rangs ce banqueroutier qui veut refaire sa fortune,

« cet ambitieux qui demande une place, ce proprié-
« taire qui vous pousse à brûler les hypothèques pour
« purger les siennes ; chassez donc de vos rangs ces
« bourgeois incapables et cupides qui veulent vous
« perdre en vous déshonorant, et ensuite nous nous
« battrons s'il le faut. »

Et l'on ne se battra pas, car une fois cela fait, il n'y aura plus que des honnêtes gens d'un côté comme de l'autre. Se battre! et pourquoi? Ne veulent-ils pas tous la même chose?

Mais après le socialisme comme cause, vient la politique comme prétexte.

IV

Le désordre politique est intimément lié au désordre moral, l'un procède de l'autre. La République qui est au communisme ce que la lame est à la poignée, est l'œuvre des partis. C'est à dessein que je ne dis pas d'un parti, car tous y ont contribué ; celui qui en est le plus innocent peut-être, c'est le parti républicain ; s'il est coupable, c'est en réalité d'avoir passé par la porte que les autres lui avaient ouverte.

L'œuvre que 1789 s'était proposée, était l'alliance de

l'autorité et de la liberté, alliance sans cesse poursuivie, essayée avec des succès divers mais non encore réalisée; et cela sans qu'il y ait de la faute de la monarchie, qui est l'autorité, sans qu'il y ait de la faute de la loi, qui est la liberté. La faute en est toute aux partis, aux légitimistes qui ont maintenu des exclusions, aux libéraux qui ont perpétué des défiances. Chacune de ces deux opinions niait la valeur de l'autre. Vous êtes des buveurs de sang disaient les légitimistes aux libéraux; vous êtes des absolutistes répondaient ces derniers. C'est alors que les républicains attirés par le bruit de la querelle sont arrivés en criant aux disputeurs : nous voici, nous, la vérité ! Et comme preuve, ils ont sorti de leur sac le suffrage universel, c'est-à-dire le plus grand mensonge qu'on puisse imaginer, parce que c'est celui qui ressemble le plus à la vérité.

Entre le suffrage universel et la souveraineté du peuple, il y a la même différence qu'entre l'ombre et le corps. Le suffrage universel ne peut que compter des bulletins et la souveraineté du peuple doit réunir des forces.

Je m'explique.

La société renferme quatre forces, dont chaque membre porte en lui une part qui sert à établir son devoir envers les autres, et le devoir des autres envers lui. Ces quatre forces sont : la morale, la famille, l'intelligence et la propriété. La souveraineté du peuple consiste à faire contribuer chaque citoyen au gouvernement de tous dans la proportion de ce qu'il peut donner et de ce qu'il peut recevoir.

Ainsi, l'homme probe doit voter au scrutin, dont le malhonnête homme est exclu ; le père de famille chargé d'enfants a des droits plus étendus que ceux du jeune homme ; le savant ne saurait être confondu avec l'illettré ; et celui qui a su conserver ou arrondir son patrimoine, est, vis-à-vis de la société, dans une autre position que le pauvre privé de biens ou le dissipateur couvert de dettes.

Le cens était un moyen incomplet de consulter la souveraineté nationale, parce qu'il ne touchait qu'à un seul de ces quatre éléments. Ce n'est pas ici le lieu de détailler l'application du principe que je viens de poser ; mais ce principe admis, sa mise en pratique n'offrira aucune difficulté.

La souveraineté du peuple s'exerce donc en estimant les votes et non en les comptant. Le suffrage universel peut servir à dénombrer un troupeau et non à apprécier une nation. C'est pourquoi je m'incline devant la souveraineté du peuple, qui est la justice et la vérité ; je me révolte contre le suffrage universel qui est l'arbitraire et l'erreur.

Si jamais nous allons à la guillotine, ainsi que M. Romieu nous en menace, ce sera poussés par le suffrage universel et enchaînés par la peur.

Je viens d'indiquer la marotte des socialistes, c'est le suffrage universel ; les hommes d'ordre eux ont deux marottes au lieu d'une, ce sont les PRINCIPES et les FAITS. Les uns veulent détruire les faits pour restaurer les principes ; les autres prétendent subordonner les principes aux faits. De part et d'autre il y a exagération puérile, car la dispute roule sur des mots. On est d'accord pour maintenir la religion, la propriété et la famille, on ne diffère que sur les moyens, on est d'accord aussi sur le rétablissement de la monarchie, on ne diffère que sur le roi!

Un nom, voilà ce qu'il y a entre la perte et le salut de la France; ô Athéniens!

Le gouvernement républicain a maltraité l'Université; c'était de l'ingratitude, car l'Université est la mère de la République.

Lequel d'entre nous ne s'est pas senti frémir d'enthousiasme à la voix éloquente des professeurs célébrant les vertus des Républiques d'Athènes et de Rome! Lequel d'entre nous n'a pas maudit les tyrans de Perse et de Macédoine, qui venaient de temps à autre guerroyer avec ces gouvernements modèles. Et Brutus! oh! c'est le sublime du genre. Puis l'on sort du collége tout bourré de ces erreurs, tout farci de ces doctrines; on transforme un cours d'histoire en un cours de politique, on maudit la loi qui gêne, on blâme l'autorité qui punit, on regrette ces Républiques antiques où l'on avait tant de liberté; et grâce à l'ardeur de la jeunesse, grâce aussi à la fougue du tempérament, on va du café aux sociétés secrètes, des sociétés secrètes on descend dans la rue, et là on fait de la République! Quelques jours après on reconnaît bien que la société a changé depuis deux mille ans; que les rois, ces *tyrans*, ont affranchi les esclaves; qu'il n'y a plus d'ilotes; que les conditions de gouvernement doivent se transformer avec la nature des peuples; mais l'on a une place, on est représentant, on est devenu un personnage, et, ma foi, vive la République!

Combien y a-t-il de convictions républicaines qui auraient résisté à l'épreuve du 24 février si elles n'eussent été étayées par l'ambition personnelle?

Le parti libéral et le parti légitimiste ont fait tout le mal; ils doivent à la France de trouver un remède et de l'appliquer vigoureusement; ils se doivent en outre à eux-mêmes de ne pas faire de la fusion une comédie; c'est un acte sérieux et non une intrigue; c'est un édifice auquel il faut donner, si l'on veut qu'il dure, 1789 pour assises et la monarchie pour couronnement, 1789 purifié de ses excès et de ses folies, la monarchie affranchie de ses prétentions et délivrée de ses répugnances. — La Royauté perpétuée par l'hérédité, la loi votée par la souveraineté du peuple : telles sont les deux bases immuables de toute reconstruction politique en France. Placez entre ces deux forces la religion chrétienne comme leur inspiration commune, comme leur but essentiel, et la société n'a plus à trembler pour l'ordre, et le peuple n'a plus à douter du progrès.

Mais pas d'illusions.

Vainement les hommes d'état disputeront de la fusion dans quelques réunions parisiennes, ainsi que le dit spirituellement M. Romieu ; cette fusion ne se fera, ne s'accomplira que par la bourgeoisie. C'est de la bourgeoisie seule que le peuple l'acceptera, car la bourgeoisie c'est le peuple lui-même dans son acception la plus complète, dans sa forme la plus noble ; c'est le peuple grandi par la liberté et libre par l'indépendance.

V

M. Romieu a de singuliers arguments pour combattre le socialisme. Après lui avoir sacrifié le christianisme en glorifiant le suicide, il lui livre la bourgeoisie. La religion et la société, voilà ce que M. Romieu abandonne au socialisme. Mais que pouvait donc exiger de plus cette maladie des cerveaux détraqués, cette doctrine des ventres gloutons?

Rassurons-nous toutefois. M. Romieu parle avec plus d'inconséquence que de méchanceté; il crie bien fort contre la bourgeoisie, mais il lui pardonne tout bas; il la fait mitrailler par son artillerie moscovite, mais il la fait ressusciter aussitôt en promettant que la famille et la propriété surnageront ; or la bourgeoisie n'est pas autre chose que la famille et la propriété accessibles à tous, garanties à tous.

Que M. Romieu ait été inconséquent, cela se conçoit; mais il y a quelque chose de triste comme une défection à voir un bourgeois tirer sur les siens, et cela au moment où ils sont entourés d'ennemis. Mettons que vous ayez raison, M. Romieu; ce n'était pas l'heure.

M. Romieu se sentait des sanglots dans la voix, des larmes dans les yeux; il est monté sur le trépied des prophètes, il a pris le ton de Jérémie, et comme si ce n'était pas assez des plaintes et des gémissements, il y a mêlé des malédictions. Tout cela, au point de vue de l'art, peut avoir quelque mérite, mais c'est tout; il n'y a derrière ce trompe-l'œil fantastique rien de sérieux, parce qu'il n'y a rien de vrai.

Évidemment il existe de mauvais bourgeois. Ne

l'avons-nous pas constaté nous-même au chapitre précédent, en montrant à la tête des socialistes des bourgeois ruinés et déclassés, des bourgeois déchus et déconsidérés ? Mais il y a aussi de mauvais ouvriers, il y a même de mauvais prêtres, est-ce une raison pour maudire le clergé et l'industrie ? non. En jugeant chaque catégorie sociale, faites la part de l'humanité, et à côté de la place envahie par les fautes, vous trouverez la place marquée pour la rédemption.

La bourgeoisie n'est pas composée d'une race particulière, elle n'est pas non plus formée d'une caste privilégiée ; elle est le produit juste et rationnel de 1789, elle est l'arche d'alliance dans laquelle se rencontrent, pour s'unir et se fondre, la noblesse et le peuple ; elle est ouverte de toutes parts pour qu'on puisse y entrer par tous les chemins. Mais par cela même que ses portes sont libres, elles ne sont pas défendues. Aussi la bourgeoisie, acceptée par les nobles qui s'y réfugient, et vantée par les ouvriers qui y montent, est-elle en butte aux attaques simultanées de ceux qui ne peuvent y arriver d'en bas, et de ceux qui ne veulent y descendre d'en haut. M. Romieu a mieux fait encore, lui; il n'a pas attaqué la bourgeoisie, il l'a salie.

Au lieu de condamner l'abus, M. Romieu nie le droit; au lieu de corriger la bourgeoisie, il la détruit. C'est plutôt fait.

Mais que mettrez-vous donc à la place? comment ferez-vous aimer le travail sans la possibilité d'acquérir? comment ferez-vous pratiquer l'honneur sans l'éclat qui l'entoure? quelle fibre ajouterez-vous à la nature humaine pour en faire le ressort de sa vie future?

Pas tant de rigueur, s'il vous plaît, car c'est de l'injustice; pas tant de reproches, car c'est de la haine. La bourgeoisie a ses défauts, elle a même ses inconvénients, mais elle en a moins que l'ancienne noblesse, elle en a moins surtout que les ouvriers actuels. La bourgeoisie, née d'hier, a toute la fougue inconsidérée d'une plante où la sève déborde, elle a toute l'impatience d'un coursier débarrassé de ses entraves. Cela devait être, et pour peu que l'on réfléchisse aux éléments inexpérimentés qui forment la bourgeoisie, aux principes encore mal définis qui la dirigent, à l'orgueil du triomphe qui suit toute victoire, on comprendra qu'elle a besoin de leçons, peut-être, mais non de châtiments.

La bourgeoisie ne fait obstacle à aucune prétention légitime, elle sert au contraire tous les intérêts justes, individuels ou sociaux. Elle est une digue également forte contre la noblesse qui voudrait dominer, contre la foule qui voudrait envahir. Et c'est vous, M. Romieu, qui arborez sur cette digue salutaire un but à deux faces : l'une offerte aux coups de la féodalité, votre rêve, l'autre présentée aux outrages du socialisme, votre terreur ? sans l'exagération qui enlève à vos paroles toute autorité, vous seriez peut-être un danger, mais, grâce à elle, vous n'êtes qu'un travers à ajouter à tant d'autres.

Rendez à la bourgeoisie la religion, enlevez-lui l'orgueil, et que trouverez-vous ensuite à reprendre en elle ? Or, la religion ! la bourgeoisie y revient d'elle-même depuis que l'ambition du clergé disparue ne lui montre plus dans le prêtre un antagoniste mais un auxiliaire. Quant à l'orgueil, la révolution de février y a mis bon ordre.

Ne voyez-vous pas sur le front de chaque bourgeois la trace encore chaude de cette défaite sans combat, de cette humiliation sans cause, de cette déchéance sans indignité? Regardez et vous verrez l'empreinte du joug de la démagogie ignorante et brutale sur ces habits que vous injuriez. Approchez-vous et vous reconnaîtrez que si la société peut être sauvée, ce ne sera que par la bourgeoisie ; mais la bourgeoisie relevée par la monarchie pour être plus forte, purifiée par le christianisme pour être plus juste.

La bourgeoisie est la forme nouvelle de la civilisation chrétienne ; car la bourgeoisie c'est l'homme indépendant par son travail, c'est l'humanité unie par la charité. Que manque-t-il à la solution de ce problème? Bien peu de chose : des lois de douane et des règlements industriels pour les ouvriers, des institutions de crédit pour les agriculteurs, une éducation religieuse pour tous. Avec cela si les membres de la famille sociale ne deviennent pas des bourgeois, ils auront tous du moins les avantages de la bourgeoisie.

Quant à la manie politique, quant à la prétention de légiférer, je me suis déjà expliqué. Que l'on nous délivre, bourgeois et ouvriers, du suffrage universel; que l'on nous donne notre souveraineté nationale, et chacun restera à sa place, parce que nul n'en pourra sortir sans faire ses preuves. La capacité sera la préface de toute ambition.

Le mouvement de 1789 n'a point fait agir le levier de l'organisation nouvelle; il s'est seulement mis en quête pour le trouver. L'intérêt personnel s'est présenté à lui, et il s'en est servi comme d'une force absolue. C'est une erreur, l'intérêt personnel n'est qu'un moyen relatif et borné. La force réelle, le levier puissant est toujours, quoi que l'on fasse et quoi que l'on dise, l'esprit du christianisme. C'est là que Dieu a marqué le but de l'humanité, c'est là aussi que doit être le lien social. La bourgeoisie comme nous l'avons est leproduit de l'intérèt personnel ; la bourgeoisie comme elle doit être sera le fruit de la religion. La réforme à accomplir est donc une œuvre de prêtre e non de soldats.

Faites retirer vos légions, et place aux apôtres.

VI

Vous invoquez l'armée, monsieur Romieu, et vous ne savez à quoi l'employer. Vous faites rassembler les tambours, apprèter les armes, bourrer les canons; puis, au milieu de ce frémissement du fer et de l'acier flamboyants, vous perdez la tête. Vos soldats sont là pleins d'ardeur, les clairons sonnent, la charge bat, et vous n'avez aucun but à leur montrer, aucun programme à leur offrir. C'est toujours la page blanche de M. le général Cavaignac. La force, et rien après : de la fumée et du sang , et le chaos ensuite.

Prenez garde, Monsieur ; l'armée s'use vite à un jeu pareil. Souvenez-vous du 24 février. Ce jour-là aussi l'armée n'avait qu'une page blanche à défendre. Aussi elle se l'est laissé enlever ; et l'émeute s'en est emparée pour y écrire ce que vous savez.

L'armée se soumet à la discipline quand elle a l'intelligence pour la commander ; l'armée n'est une force qu'à la condition d'être un corps, et il n'y a pas de corps sans tête, il n'y a pas de corps sans âme.

Arrêtez-vous donc un peu devant tant d'inconséquence. Le socialisme veut détruire la société. Là est son but hautement avoué, clairement défini ; il ne va pas au-delà. Son mot est destruction. Vous voulez, vous, que l'armée lutte contre le socialisme ; apparemment pour conserver la société. La lutte n'a de motif et la victoire n'aura de récompense que dans cette conservation. Eh bien ! non ; vous aussi, vous condamnez la société à périr. Aux violences des communistes, vous ajoutez contre cette pauvre société le courage des soldats. Ce n'est pas assez de la torche des incendiaires, de la faux des pillards, de la hache des démolisseurs, vous demandez les balles et les boulets !

Dieu merci, ce que vous demandez ne se fera pas ; l'armée est inhabile à une œuvre semblable, et si par malheur elle le tentait, elle tomberait en dissolution ; car l'histoire récente est là pour le prouver. Enlevez un but à l'armée, et l'armée est impuissante.

N'y avait-il pas au 24 février, comme aujourd'hui, des régiments braves et disciplinés ? n'y avait-il pas des chefs énergiques et dévoués ? Comptez néanmoins combien il y a eu de résistances à la révolution ; combien de protestations contre l'anarchie ? Deux ! M. le colonel de Grammont à Moulins, M. le général de Castellanne à Rouen, l'un qui niait l'omnipotence insolente des commissaires de M. Ledru-Rollin, l'autre qui voulait soustraire ses troupes à l'action perturbatrice du régime nouveau. C'est que la vertu de l'armée c'est l'obéissance. Toute obéissance suppose un commandement, et il n'y avait personne alors pour commander.

Avant d'implorer l'armée comme une force, nommez donc l'élément essentiel et indispensable de sa force, le chef! Et, à défaut du chef, indiquez la pensée, afin que, s'il se trouve dans son sein un homme à la volonté prompte et à l'exécution vigoureuse, il puisse ramasser dans votre livre l'idée que vous y déposez, l'arborer à la pointe de son sabre et s'en faire un étendard!

C'est ce qui a manqué au 24 février.

S'il se fût trouvé un peloton de cinq hommes pour prononcer le mot de monarchie, ce peloton fût devenu une armée en une heure, et la nation tout entière en un jour! Mais non; on a trouvé plus commode de se courber sous la peur que se dresser pour la résistance. Et cela non pas, je vous le répète, que le sang se fût glacé dans les veines, non pas que les muscles se fussent paralysés aux bras; mais l'idée était absente, le but était voilé.

L'armée d'ailleurs peut être vaincue; cela est difficile je le sais, improbable je l'espère, mais enfin cela est possible. Et alors que deviendraient la religion, la patrie, la vérité, tous ces principes de l'émanation divine, tous ces objets de l'adoration humaine dont l'armée, selon vous, est la personnification vivante? Y avez-vous songé? En abandonnant à la force brutale et inerte le soin de gouverner le monde, avez-vous prévu le cas où cette force passerait en d'autres mains que les vôtres? Avez-vous oublié que la force est de sa nature portée à la violence, à l'arbitraire, qu'elle est régie par le hasard? Et, est-ce bien à ce Dieu aveugle du paganisme que vous, écrivain chrétien, soumettez les destinées du monde?

Je l'ai dit déjà et je le répète encore, contre l'exagération de votre langage il n'y a qu'une excuse : l'inconséquence de vos pensées.

Le knout, voilà votre code; les cosaques, voilà vos juges. Il y en a juste assez pour une tribu de sauvages. Vraiment ceci n'est pas sérieux.

Je suis comme vous cependant, Monsieur Romieu, j'ai foi en l'armée. Cette foi m'est venue depuis qu'un jour j'ai vu un poste de nos soldats se ranger devant le saint viatique qui passait, et, le genou en terre, présenter leurs mousquets à ce Dieu que portait la main d'un pauvre prêtre. Que ce poste s'ébranle, qu'il serve d'escorte au Dieu de bonté et d'amour, et qu'il parte à la conquête du monde, à la sainte croisade contre le socialisme. *Hoc signo vinces.* Voilà l'armée forte et réparatrice.

Cette armée sublime d'abnégation, qui l'a faite si ce n'est la religion du devoir; le devoir, cette servitude qui élève; le devoir, cette source de toute grandeur, ce titre de toute noblesse? Le devoir, voilà donc la force de l'armée. Ne la cherchez pas ailleurs.

Souvent j'ai admiré ces longs bataillons se déroulant dans la plaine, en spirales étincelantes; souvent je suis tombé en extase devant ces escadrons, dont les panaches ondulaient au souffle du vent comme les épis d'une moisson humaine; puis tout-à-coup le fleuve de baïonnettes s'animait, le torrent de centaures prenait sa course et les manœuvres commençaient. Et cependant un seul homme avait parlé ! A cette voix faible avaient répondu comme des échos les sons éclatants de la trompette, les roulements sonores du tambour. Ces milliers de soldats n'avaient plus formé qu'une seule armée, qu'une unité, qu'un tout. Avec la voix du chef, les régiments avaient trouvé leur âme ; cette âme c'est la vie des bataillons, sans elle, ils ne peuvent rien, ne savent rien et ne font rien.

Je n'aime pas les réticences, je l'ai prouvé assez souvent dans le cours de ces pages rapides. Je dirai donc ce que je pense au risque de blesser bien des préjugés et de dissiper bien des illusions.

L'armée perdra de sa force si vous la laissez aller en aveugle jusqu'en 1852, et si, arrivée là, elle se heurte contre l'inconnu. Il faut résolument tirer le rideau qui cache l'avenir ; il faut sortir de l'ornière dans laquelle se traîne la fortune de la France, il faut, puisque le socialisme a son drapeau, que la société ait le sien ; cela suffira pour vaincre la révolution sans combat et sans effusion de sang.

Si je me trompe, si la lutte s'engage, l'armée ne doit point se trouver seule sur le champ de bataille; il faut qu'elle ait à ses côtés tout ce qu'il y a de forces intelligentes et honnêtes dans la société. Au lieu de prêcher la destruction de la société, prêchons donc sa renaissance, et marquons-en les phases.

Pour commencer, transportons-nous en 1852. Qui sait? Ce n'est peut-être pas aussi loin que le calendrier veut le faire croire.

VII

Nous y sommes donc.

Le champ de bataille est connu; c'est la loi du 31 mai. Cette loi, comme le cens, me paraît inhabile à interroger la souveraineté nationale, elle ne tient compte que d'une manière incomplète des forces à consulter. Elle impose le domicile pour condition du mandat électoral, et le domicile est lui-même mal défini dans nos codes. Néanmoins, la loi du 31 mai est une amélioration du suffrage universel, elle a été constitutionnellement votée, elle a droit à l'obéissance. Les hommes d'ordre, à ce double titre de conquête utile et de conquête régulière sur l'anarchie, lui doivent soumission et respect.

Il y a de plus une autre considération. La loi 31 mai est devenue le gant jeté à la société par la révolution; c'est une menace, c'est un défi. Abrogez cette loi, dit-on; ou, sinon! Et le geste achève la phrase, geste hideusement significatif, geste de valets de bourreau et pas même de vaillants routiers.

La loi du 31 mai régira donc les prochaines élections. Elles seront un vote pacifique ou une arène sanglante. Le parti conservateur doit être prêt pour l'une et l'autre éventualité; c'est le moyen le plus certain d'écarter les périls de tous genres.

Si l'on vote, le nom du prince-président Louis-Napoléon Bonaparte sortira de l'urne. Ce sera une juste récompense du zèle et du courage qu'il a montrés dans l'exercice du pouvoir. A côté de lui viendront se ranger, quelques jours après, les nouveaux élus du peuple, et, tous ensemble, décideront si le pays doit voir se prolonger encore l'agonie qui l'énerve, ou s'il doit hardiment reprendre son vol dans la sphère radieuse où l'ont accompagné quatorze siècles de monarchie. Le prince Napoléon ne sera jamais un embarras pour la solution à intervenir; il ne peut en être que le plus glorieux instrument; son nom et son caractère en répondent. Si l'on vote, j'ai confiance.

Mais si l'on se bat, les événements prennent la parole et se chargent du dénouement. Le général de l'armée est tout trouvé, ce sera Changarnier ou un de ses imitateurs. Il vaincra l'émeute et alors..... Oh! alors, ont peut s'en remettre à lui. Je ne sais ce qu'il fera, mais il se souviendra en voyant ses compagnons d'armes étendus sur la terre sanglante, que c'est la République qui les a couchés là, et il ne voudra plus de la République; il demandera une inspiration au ciel, et entre Dieu et lui il verra le drapeau tricolore, cet étendard de 1789 : il conciliera le rétablissement

de la monarchie avec le maintien des couleurs natio-
nales.

Il me semble le voir dans cet enthousiasme belliqueux
qui survit à la lutte, disant aux partis :

« Vous légitimistes, vous êtes la tradition et l'héré-
« dité, vous êtes le passé avec son prestige et sa
« gloire ; vous libéraux, vous êtes la propriété et
« l'épargne, vous êtes l'espérance et l'avenir. A vous
« légitimistes je demande le titre ; à vous libéraux
« je demande la force. Comte de Chambord, déposez
« dans mes mains la couronne, que vous, comte de
« Paris, vous y viendrez prendre plus tard. Quant au
« pouvoir je le garde en dépôt pour le faire croître à
« l'ombre de mon épée. Je serai régent. A l'œuvre
« maintenant. Le terrain est déblayé de la République
« et du socialisme, il y a place pour la grandeur de la
« patrie et pour la prospérité de ses enfants. »

La souveraineté du peuple ferait les lois, le régent
les exécuterait. Sous cette dictature limitée, se confon-
draient les éléments des deux partis ; les légitimistes et

les libéraux apporteraient un concours commun à la création d'un parti nouveau, emblème rajeuni de l'hérédité greffée sur une souche vigoureuse. Il n'y aurait aucune jalousie ; il n'existerait aucune rivalité ; le gouvernement serait en des mains tierces, et rien ne s'opposerait, ni dans les partis politiques, ni dans les divagations sociales, à la marche ferme et assurée de la France.

La solution appartient donc à Napoléon s'il y a élection pacifique ; au général victorieux, s'il y a guerre. Mais si l'on veut que ce général se rencontre, si l'on veut surtout qu'il obtienne le triomphe, il faut d'avance marquer sa route et désigner sa tâche.

Je n'ai point de motif pour en vouloir à la République, seulement je distingue. Comme sujet de discours pour un rhétoricien, comme thème pour un lauréat d'académie, la République est admirable ; comme gouvernement en France elle est impossible ; à moins.... à moins de proclamer le socialisme. N'ai-je pas raison de dire impossible ?

Je ne vais pas contre la Constitution, je ne vais pas contre la loi. Non, ce sont là des sentiers mal frayés et où ne peuvent s'aventurer que les projets dissimulés. Ce que je désire doit se formuler tout haut. La constitution a dit elle-même, en y mettant il est vrai des restrictions prohibitives, qu'elle pouvait être révisée en tout ou en partie. Grâce aux restrictions, la révision n'aura pas lieu, c'est pourquoi je me suis transporté de suite en 1852, sans manifester aucune sympathie pour les coup d'état qui peuvent être échelonnés sur la route, mais aussi sans répulsion pour les tentatives révolutionnaires qui surgiraient avant cette époque. Je crois, au contraire, que la société et le président, la bourgeoisie et l'armée, doivent être prêts à escompter les bénéfices de la lutte, s'il prenait fantaisie aux socialistes d'en devancer l'éhéance.

Et maintenant je le demande, est-il besoin d'aller chercher une armée jusqu'en Russie, et ne vaut-il pas mieux dire à la notre ce qu'elle aura à faire?

Ou protéger le libre exercice de la souveraineté nationale par la loi du 31 mai si imparfaite qu'elle soit, puisque seule elle EST;

Ou combattre pour la monarchie et pour la société, si la République et le socialisme engagent la bataille.

A ces deux devoirs également grands et nobles, l'armée française suffira; elle n'a été faible qu'un jour, et ce jour elle était sans devoirs à remplir, c'est-à-dire SANS ORDRES, SANS CHEFS.

Quant à la bourgeoisie, elle est déjà l'aînée du peuple. Bientôt elle sera le peuple tout entier, en attirant à elle les ouvriers, en multipliant la petite propriété dans les campagnes, en facilitant l'épargne dans les villes, en se montrant courageuse et chrétienne; courageuse pour être forte contre les orgueilleux, chrétienne pour être charitable aux souffrants,

La conclusion de M. Romieu est dans ces deux mots : Peur et force.

La mienne est dans deux mots aussi : Courage et christianisme.

M. Romieu s'attache au sabre et le suit partout jusqu'à l'inconnu ; je marche à la suite de l'armée pour aller à une monarchie libérale et chrétienne.

Chanoine, imprimeur à Lyon.